Béatrice Pardossi-Sarno

© Livio **Éditions** / **Béatrice Pardossi-Sarno**

Livio Éditions
184 Avenue Fréderic Mistral
83110 Sanary-sur-Mer

Textes et illustrations : Béatrice Pardossi-Sarno
Couverture et mise en page : Marie Michaux

Prix de vente TTC : 10 €
Dépôt légal : novembre 2018
ISBN : 978-2354550165

Émission spéciale NOËL
Béatrice Pardossi-Sarno

MUSIQUE : *Baby Please Come Home* de U2

En cette veillée de Noël, je viens vous rejoindre près du sapin, autour d'une boisson chaude et de quelques pains d'épices, pour vous raconter une histoire plus ancienne encore que les contes de fées.

Cette fois ce n'est pas un seul livre que notre *Petit moment littéraire* ouvrira : nous convoquerons des auteurs anciens, et d'autres contemporains autour de ce qu'on appelle « le Livre des livres ».

« Noël », c'est tout simplement le titre de l'émission très spéciale que vous pouvez entendre en podcast sur le net. Je vous en propose ici une version écrite que j'ai eu le bonheur immense d'illustrer, page après page.

Je suis si heureuse de vous retrouver pour ce rendez-vous spécial de notre *Petit moment littéraire* ! Je voudrais que l'on s'installe près du feu, avec un bon chocolat chaud, sous le sapin scintillant. Approchons-nous de la crèche.

Je vais vous raconter ce soir toute l'histoire qui a fait de Noël un jour de fête à travers le monde depuis plus de deux millénaires.

Cette histoire a eu lieu il y a près de 2018 ans.

C'est l'histoire de la naissance d'un enfant, une naissance si extraordinaire que ceux qui ont vu et connu l'enfant, plus tard, pour peu qu'ils sachent écrire, ont éprouvé le besoin de la raconter. Il nous en reste plusieurs versions, plusieurs regards. Les quatre regards les plus célèbres forment quatre livres à l'intérieur d'un Grand livre. Un livre-monument, le plus épais de tous les temps, co-écrit pendant des siècles. Nous ouvrons ce soir un grand classique qui a fait le tour du monde et qu'on appelle La Bible.

J'ai convoqué pour notre émission spéciale des auteurs de la Bible, mais aussi des auteurs modernes comme Khalil Gibran, Marek Halter et bien d'autres. J'ai même convoqué Sharon Stone, actrice à ses heures… Les chanteurs de nos musiques sont presque tous encore vivants ! Croyez-moi vous n'avez pas l'habitude d'entendre ces musiques-là sur les compilations de Noël… Je pense qu'on va passer ensemble un Noël pas comme les autres.

MUSIQUE : *Dune mosse* de Zucchero

L'histoire se passe en Palestine, un pays de poussière où les arbres sont rares, où les puits sont précieux et où les maisons carrées sont trouées de fenêtres minuscules.
Il fait très chaud ici en été, et quand le soir tarde à donner sa fraîcheur, il n'est pas rare que les hommes montent sur les toits plats des maisons et s'endorment sous les étoiles.

Tout commence dans la lumière légère du petit matin. Les rues peu à peu s'animent. Des enfants s'en vont par grappes vers le puits avec leur cruche sous le bras ou sur la tête. Les boutiques s'organisent, les tentures des maisons s'écartent. Les étals préparent leur marchandise : des fruits, des graines de toutes sortes, de l'huile, quelques corbeilles vides qui attendent la fournée du jour.

Nous traversons le quartier des teinturiers. Derrière les draperies de couleurs qui sèchent depuis la veille, étendues sur plusieurs mètres entre les façades, on aperçoit un bâtiment qui surplombe les autres. C'est le temple.

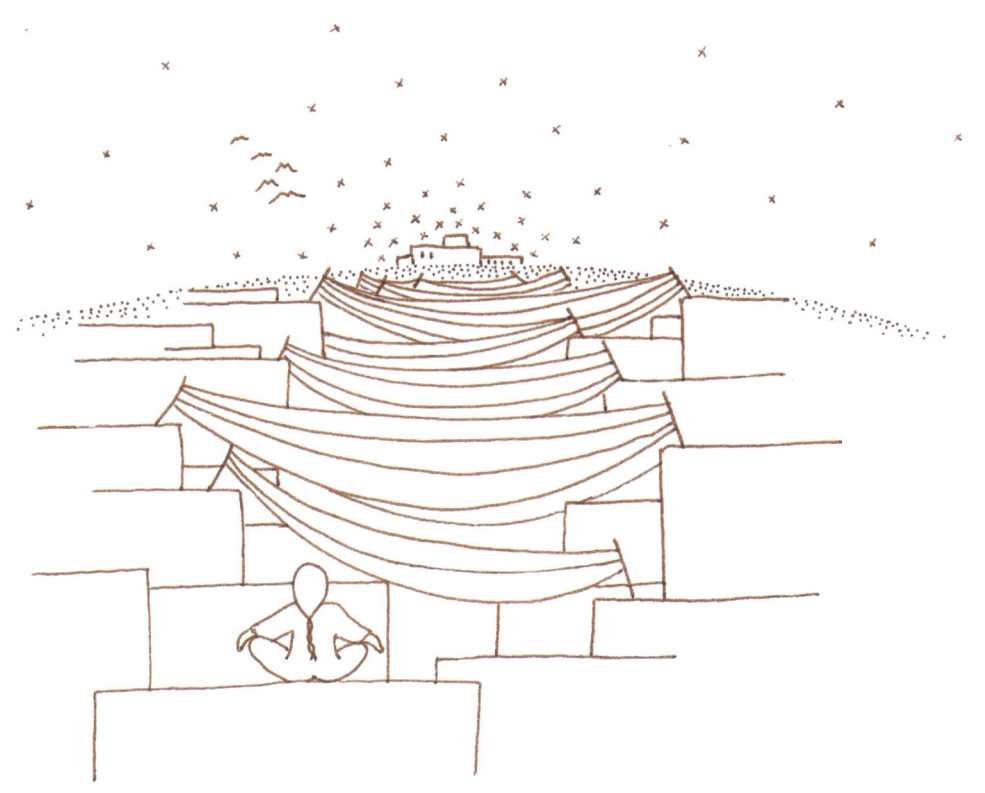

La Palestine est sous la domination des Romains, ce sont eux qui gèrent la ville et la sécurité. Mais les habitants n'ont rien en commun avec les Romains. Le peuple ici est resté particulièrement attaché aux traditions séculaires de sa terre. En particulier à sa religion, ses fêtes et ses rites. C'est un peuple Juif.

Tout près du temple habite un prêtre sacrificateur qui se nomme Zacharie. Il est marié à Elisabeth, et tous deux ont déjà un certain âge. On vient les voir quand on veut se reposer un peu de toute l'agitation quotidienne, on vient les voir pour leur demander conseil, ou tout simplement pour rester auprès d'eux. Leur présence est rassurante. Ils sont sereins, ils sont sages, ils ont toujours des bonbons au miel et de bons mots à offrir.

Elisabeth et Zacharie sont aimés de tous dans le village. Les enfants viennent jouer autour de leur maison. Elisabeth a toujours sur sa table des petits gâteaux de toute sorte qu'elle invente au gré des paniers qu'elle rapporte du marché. Elle aime tant les enfants ! Malheureusement elle n'en a pas eu.

En ce beau matin de printemps, Zacharie se prépare à entrer au cœur du temple, dans cette petite salle secrète et protégée qu'on appelle le « Saint des Saints ». C'est un lieu tellement sacré, que seul un prêtre élu peut y pénétrer à des moments très précis de l'année, pour y offrir des sacrifices à Dieu. Cette année, c'est Zacharie qui a été désigné pour apporter le parfum précieux destiné au Saint des Saints. Depuis des semaines et des mois, il accomplit scrupuleusement ses rites de purification, afin d'être digne d'approcher au plus près la présence de Dieu dans son temple. S'il n'est pas à la hauteur, les offrandes qu'il apportera de la part du peuple ne seront pas agréées et les prières ne seront peut-être pas entendues. C'est une lourde responsabilité que Zacharie prend très à cœur.

Le voilà donc à la porte du Saint des Saints. Le jour se lève, on appelle ce moment « l'heure des parfums ». Dehors, le peuple s'est rassemblé et agenouillé, pour demander à Dieu d'accepter son cadeau. Un calme solennel a envahi la place. Zacharie avance vers le centre de la salle. Il règne ici un silence de majesté. On n'entend même plus les oiseaux dans ce petit espace carré où filtre la lumière diaphane des premiers rayons du jour. Zacharie avance pieds nus vers l'autel. Le froissement du lin chuchote au sol sa marche lente. Zacharie dépose le parfum sur la pierre sacrée puis se recueille, ferme les yeux et récite des prières avec conviction.

Tout à coup surgit un événement qui ébranle toute l'atmosphère, Zacharie est frappé de stupeur, l'évangéliste Luc nous le raconte ainsi :

LECTURE : *Évangile selon Luc 1 - 5 à 20*

Un ange du Seigneur lui apparut, se tenant au côté droit de l'autel du parfum. Et Zacharie, le voyant, fut troublé et la crainte le saisit.

L'ange dit : « Ne crains pas, Zacharie, parce que tes supplications ont été exaucées et ta femme Elisabeth t'enfantera un fils que tu appelleras Jean. Il sera pour toi un sujet de joie et d'allégresse, et plusieurs se réjouiront de sa naissance ; car il sera grand devant le Seigneur et il ne boira ni vin ni boisson fermentée et sera rempli de l'Esprit Saint déjà dès le ventre de sa mère. »

Alors Zacharie dit à l'ange : « Comment est-ce possible ? Je suis un vieillard et ma femme est très avancée en âge. »

L'ange lui répondit : « Je suis l'ange Gabriel, envoyé par Dieu, et j'ai été envoyé pour te parler et t'annoncer ces bonnes nouvelles.

Puisque tu n'as pas cru mes paroles, tu seras muet et tu ne pourras plus parler jusqu'au jour où ces choses arriveront. »

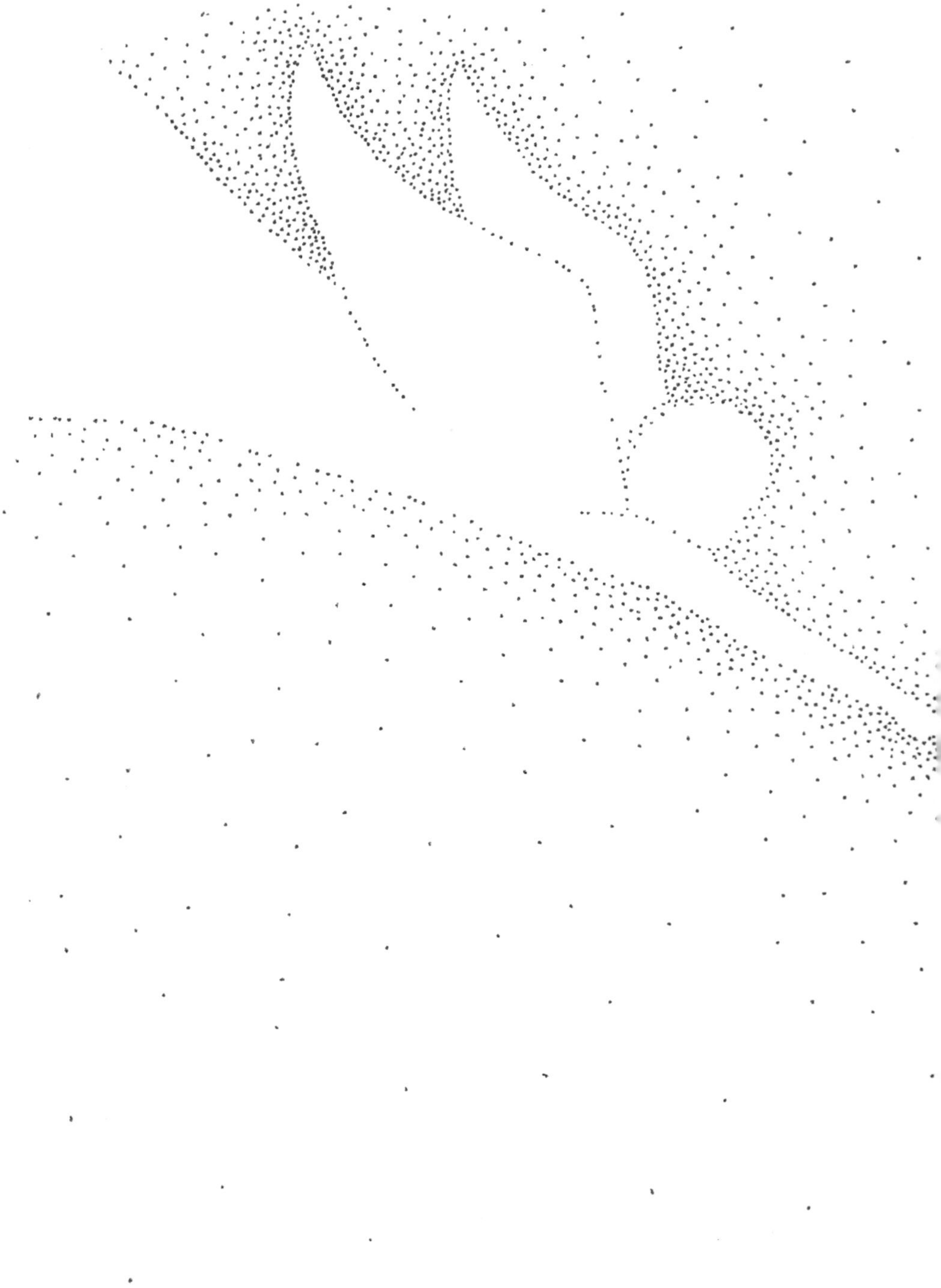

Pendant ce temps, le peuple dehors attend Zacharie. Le temps se fait long. On commence à murmurer sur la place… Que s'est-il passé ? Pourquoi Zacharie ne revient-il pas ?

Lorsqu'il apparaît enfin sur le seuil du temple, et qu'il ne peut pas parler, tous comprennent qu'il a eu une vision. Difficile pour le prêtre de l'expliquer avec des signes…

Zacharie est maintenant réduit au silence, réduit à ouvrir ses yeux et constater que l'ange dit vrai.

Les anges sont présents tout au long de cette merveilleuse histoire de Noël. Le mot « ange » signifie « messager ». Ce sont eux qui font le lien entre le Ciel et la terre, entre Dieu et les hommes. On en trouve trace dans toutes les civilisations, depuis la haute Antiquité. Et aussi bien en Orient qu'en Occident, il n'est pas rare de les voir intervenir pour harmoniser les choses entre l'invisible et le visible.

Il y a quelques années, Sharon Stone, célèbre actrice américaine, s'est associée à la photographe Mimi Craven pour réaliser un recueil de très belles images accompagnées de courts textes adressés aux anges. Je vous recommande ce livre. Il ne raconte rien, mais pour sûr il nous transporte tout en douceur dans leur présence.

LECTURE : *La main de l'ange* de Sharon Stone

Le soleil dans mon dos ressemble à ton étreinte. (…)
J'ai entendu ta voix avec le vent.

L'ange Gabriel ferme la bouche de Zacharie parce qu'il s'est montré incrédule.
Le temps passe, et tout ce qu'il a annoncé se réalise : à la surprise de tous, sa femme Elisabeth attend un enfant.

Six mois plus tard, l'ange redescend sur terre, non loin de là, dans un village appelé Nazareth. Il vient voir une toute jeune fille, Marie, pour lui annoncer une incroyable nouvelle. Voici un extrait de l'Évangile que les croyants connaissent bien :

MUSIQUE : *Ave Maria Guarani* de Ennio Morricone

LECTURE : *Évangile selon Luc 1- 28 à 29*

L'ange s'approcha d'elle et dit : « Je te salue, Marie comblée de grâces, le Seigneur est avec toi. Tu es bénie entre toutes les femmes. »

Marie a peur d'abord ! Mais l'ange Gabriel la rassure et lui annonce qu'elle aura un fils, envoyé par Dieu, qu'il règnera sur Israël, et qu'il s'appellera Jésus.

Une conversation s'engage entre l'ange et Marie, elle apprend ainsi que sa cousine Elisabeth est enceinte malgré son âge et sa stérilité, et que son enfant naîtra aussi par la volonté de Dieu pour qui rien n'est impossible.

Contrairement à Zacharie, Marie ne doute pas de la parole de l'ange. Dans un premier temps, Marie ne parle à personne de ce qu'elle vient de vivre. Elle a besoin de réaliser ce qui lui arrive, un bébé dans son corps, elle qui n'a jamais connu d'homme, elle qui n'est que fiancée, c'est une si grande nouvelle. Elle garde tout cela dans le secret de son cœur. Elle a raison Marie, c'est plus sage. Et puis… Qui la croirait ?

La première chose que Marie va faire après l'annonciation, c'est d'aller rendre visite à Elisabeth sa cousine. Elle seule pourra la croire, la comprendre, la soutenir.

MUSIQUE : *Sur la route* de Gérald De Palmas

La voilà donc sur les chemins caillouteux, traversant les champs et les villages, s'arrêtant aux puits ou à l'ombre des figuiers, chamboulée, un peu perdue parfois… tournant et retournant dans sa pensée les paroles de l'ange… Un enfant est là, dans son ventre, un enfant roi, un enfant destiné à changer ce monde oppressant et oppressé par les Romains. Marie rêve tout en marchant. Marie s'évade.

Comment annoncera-t-elle la nouvelle à Joseph, son fiancé ? Il est si doux, elle ne veut pas le blesser, elle ne veut surtout pas qu'il pense qu'elle l'a trompé. Et si personne ne la croit, elle risque d'être lapidée ! Par moments, Marie a le vertige. Elle s'aperçoit qu'elle ne peut rien faire, que tout cela lui échappe.

Elle doit lâcher prise, tous ces questionnements sont sans issue. Elle s'en remet à Dieu. Il va falloir lui faire complètement confiance.

Voilà le village au bout du sentier, tout blanc au milieu de l'air vibrant de chaleur. Marie connaît bien ce village. Elle y vient depuis qu'elle est enfant. Son cœur est déjà un peu réconforté. Les chiens et les enfants viennent voir qui arrive. Marie n'a qu'à suivre la route du temple. Elle arrive devant la petite la maison de Zacharie, soulève le rideau de toile… Elisabeth est là, dès qu'elle l'aperçoit, elle a déjà compris. Elle s'exclame :

LECTURE : *Évangile selon Luc 1- 43 à 44*

« D'où me vient ceci, que la mère de mon Roi vienne vers moi ? Car dès que la voix de ta salutation est parvenue à mes oreilles, mon petit enfant a tressailli de joie dans mon ventre ! »

Marie raconte à sa cousine la visite de l'ange Gabriel, elle confie son émotion, son dévouement, son abandon. Elisabeth est remplie de joie. Elle l'accueille à bras ouverts. Elle la gardera trois mois auprès d'elle.

Zaccharie pendant tout ce temps n'a pas pu dire un mot. Il observe patiemment les femmes, et surtout il les écoute. Lui aussi, il a reçu la visite de l'ange Gabriel, mais il n'a pas réagi comme Marie. Il le reconnaît maintenant.

Or le temps où Elisabeth devait accoucher arrive et elle met au monde son fils.

Le huitième jour, voisins et parents arrivent avec des petits pains, du lait, des fruits et toutes sortes de cadeaux, pour fêter la naissance, circoncire le petit enfant, et lui donner le nom de Zacharie, son père, comme le veut la tradition.

Elisabeth est heureuse, elle présente l'enfant avec fierté et avec joie. Puis elle se lève et prend la parole : « Non, il ne s'appellera pas Zacharie, il s'appellera Jean ».

Tout le monde est surpris, d'abord qu'une femme ose imposer un prénom à son fils, cela ne se fait pas ! Et puis… personne dans sa famille ne s'appelle Jean : c'est d'autant plus incompréhensible qu'elle choisisse ce prénom.

Les regards se tournent alors vers Zacharie.

Il est allé chercher une tablette et un stylet. Et lentement, bien distinctement, il écrit sous le regard étonné de l'assemblée « JEAN est son nom ».

Au même instant, sa bouche s'ouvre et il commence à parler et à remercier Dieu pour l'enfant. Sa joie éclate ! Il ne peut plus s'empêcher de louer et de chanter sa reconnaissance.

Très vite, cette histoire se répand partout dans la Judée, dans les montagnes et les déserts. On en parle longtemps, longtemps on se souvient de cette histoire, jusqu'à ce que Jean devienne Jean-Baptiste, qu'il aille vivre près du Jourdain pour prêcher, pour baptiser, et surtout pour annoncer et préparer la venue de son cousin Jésus.

Marie a rejoint sa famille. Elle a gagné en assurance. Son ventre s'est un peu arrondi. Elle est prête maintenant à annoncer la nouvelle à son fiancé Joseph.

Évidemment, Joseph est choqué. Ce que Marie lui raconte est absolument impossible. Il est révolté d'abord. Il n'en revient pas. C'est impossible, pas Marie !

Joseph pose des questions, lui demande de réexpliquer, encore et encore. C'est une histoire à dormir debout ! Pourtant Marie a l'air si sincère… Son regard, son sourire, sa sérénité… C'est à en devenir fou ! Joseph ne sait plus quoi penser. Il ne veut pas créer de scandale, il sait bien que Marie risque d'être tuée à coups de pierre par les hommes du village.

Joseph est perplexe. Il connaît Marie, c'est une jeune-fille digne de confiance. Il aimerait croire qu'elle ne ment pas, que l'ange est vraiment venu… Le dilemme se creuse en lui.

Comment croire qu'elle est enceinte par l'opération du Saint-Esprit ? C'est extravagant, c'est au-dessus de ses forces, il n'arrive pas à s'y résoudre, Joseph.

Il y pense, le jour et la nuit, il perd le sommeil. Il ne comprend pas, il ne comprend rien…

Il aime Marie, il ne veut pas lui faire du tort. Il se propose finalement de la répudier, le plus discrètement possible.

Dieu veille…

Son ange Gabriel plane au-dessus de cette maison. Il observe l'embarras de Joseph, sa bonne foi, sa décision de protéger Marie en restant discret.

Juste avant que Joseph ne répudie Marie, l'ange Gabriel vient lui parler dans son rêve. Il lui confirme que Marie dit vrai. Et Joseph le croit.

C'est ainsi que par Amour pour Marie, Joseph veillera sur elle et sur son enfant.

Le temps passe et Marie est presque au terme de sa grossesse lorsque paraît un décret de la part du gouvernement romain exigeant un recensement. Tous les habitants de l'empire sont sommés de se rendre au lieu où ils sont nés afin d'y déclarer leur nom et leur âge -s'ils le savent.

Marie et Joseph doivent aller jusqu'à Bethléem. C'est un long voyage... Une charrette tirée par un âne au milieu des brumes de l'hiver… C'est un tableau très émouvant que cette caravane improvisée, à laquelle venaient sans doute aussi s'accrocher les enfants des autres couples en marche vers Bethléem.

Voici comment Marek Halter, un auteur contemporain d'origine polonaise, imagine la scène :

LECTURE : *Marie* de Marek Halter, p. 334

Il neigeait lorsqu'ils arrivèrent en vue de Bethléem. Le froid et la bise étaient intenses, mais Joseph avait fabriqué une bâche et même un support pour un brasero qui faisait du char une manière de tente mobile et confortable. Ils s'y serraient, avec les enfants, comme une petite meute dans son terrier. Quelquefois le chaos des chemins les envoyait rouler les uns sur les autres. Les enfants en riaient aux larmes, en particulier le dernier-né (...).
Marie n'était plus loin de la délivrance. Parfois elle agrippait le poignet de Ruth en serrant les dents. Dans ces cas-là, Ruth criait à Joseph d'arrêter les mules.

La caravane entre dans Bethléem alors qu'il fait presque nuit. La lune jette sur les murs ses ombre bleues. Des torches sont allumées un peu partout aux angles des maisons. La rue a un air de fête malgré le froid paralysant. De toutes parts convergent des petits groupes vers une grande cour où les officiers romains ont installé un bureau. Joseph arrête la charrette à la porte de la ville. Il faut aller chercher un endroit où dormir. Marie s'appuie sur le bras de Joseph, courageuse. Elle sent que l'enfant va bientôt arriver. Il faut faire vite !

Joseph frappe aux portes des hôtelleries. Tour à tour on lui répond que tout est complet, qu'on a déjà doublé les effectifs, il n'y a plus de place, plus aucune place ! Marie par moments demande à Joseph de s'arrêter un peu. Mais le temps presse. Joseph ne désespère pas. Maintenant, il ose même aller jusqu'à frapper aux portes des habitants pour leur demander d'ouvrir leur maison.

« Regardez ! ma femme est près d'accoucher ! Faites-nous une petite place, je vous en prie ! »

Il n'y a rien à faire. Joseph est mal reçu, les habitants lui ferment la porte au nez, sans scrupule.

J'ai trouvé dans un ouvrage du romancier et journaliste Jacques Duquesnes une description qui nous aidera à imaginer le contexte dans lequel se retrouvent nos chers jeunes mariés :

LECTURE : *Jésus* de Jacques Duquesnes, p. 38

Bethléem, une toute petite bourgade blanche juchée sur le flanc d'une colline. Sans doute entourée de champs de blé puisque Bethléem signifie « la maison du pain » mais aussi de vergers puisqu'elle était surnommée Ephrata, « riche en fruits ». (...)
Les gens du lieu ne sont pas très accueillants.

Cette histoire de recensement ne leur plaît pas plus qu'aux autres juifs, et voilà qu'elle attire chez eux non seulement des bureaucrates romains chargés des inscriptions, mais aussi cette foule poussiéreuse d'hommes et de femmes débarqués des quatre coins du pays et qui se mêlent aux clients habituels, les nomades venus troquer tissus et fromages contre graines et fruits.

MUSIQUE : *Alléluia* de Jeff Buckley

Les habitants de Bethléem méprisent cette foule qui envahit ses rues et ses nuits pour le recensement. Joseph doit trouver une solution. Il est tard, le voyage était long et fatigant. Marie a besoin de repos. Il tente encore une fois de frapper à une porte. Personne ne répond. Marie s'assoit sur le perron, elle est pâle, épuisée. Joseph baisse les yeux. Il arrête l'affolement de ses pensées et se met à prier en son for intérieur. Si Dieu a voulu que Marie porte cet enfant, s'Il l'a choisi, Lui, pour veiller sur eux deux, Il ne les abandonnera pas.

Marie fait signe qu'elle ne peut pas se lever.
Joseph s'apprête à s'asseoir à ses côtés lorsque la porte s'ouvre derrière eux.

C'est le propriétaire qui dormait probablement et qui en entendant frapper à sa porte vient de se lever. Il aperçoit Marie, il est pris de compassion. Dans sa maison, il n'y a vraiment plus de place. Mais il a une grange, un peu plus loin à l'extérieur de la ville.

« Vous pourrez vous y installer, dit-il en leur tendant quelques petits pains et une couverture. Vous attacherez vos mules près de mes vaches, j'ai mis du foin dans les mangeoires ».

C'est ainsi que dans la crèche,
en cette nuit d'hiver, naît l'enfant Jésus.

C'est la nuit de Noël. L'enfant Jésus est né. En même temps apparaît une étoile au milieu du ciel. Une étoile si brillante qu'elle resplendit malgré la clarté de la lune.

Sur les collines autour de Bethléem, les troupeaux de moutons ne dorment pas. Les bergers se sont levés, la nuit est si claire… Les courbes douces des champs sont enveloppées d'une couleur bleutée qui fait resplendir la chaleur des lumières de la ville au loin.

Les bergers se retrouvent au pied du figuier. Ils se posent tous la même question : quelle est cette étoile, là, juste au milieu du ciel ?

Les bergers connaissent bien les étoiles. Ils dorment souvent sous le ciel immense, et pendant les longues nuits d'hiver, ils restent éveillés longtemps à étudier leur course. Les étoiles sont pour eux des guides et des compagnes. Ils savent leur place exacte et la ronde qu'elles parcourent au gré des saisons. Cette étoile-là, qui scintille cette nuit au milieu du ciel, ils ne l'ont jamais vue.

« Il paraît que lorsqu'une nouvelle étoile apparaît, c'est qu'un nouveau roi arrive sur terre » dit l'un d'eux. Les autres approuvent, et chacun y va de son espoir à voir la domination romaine enfin moins oppressante.

C'est alors que le plus jeune berger prend la parole et leur explique qu'il vient justement de faire un rêve étrange : un rêve où Pan, le dieu des bergers, ce dieu aux pattes de bouc qui protège les troupeaux et qui les guide avec sa célèbre flûte de Pan, eh bien le dieu Pan est venu le trouver dans son rêve, accompagné d'un homme appelé Jésus. Et voici ce qu'ils se disaient l'un l'autre :

Voici l'extrait d'un ouvrage de Kalil Gibran écrit en 1928 :

LECTURE : *Jésus Fils de l'Homme* de Kalil Gibran, p. 228 à 131

Dans mon rêve, j'ai vu Jésus et mon dieu Pan assis ensemble au cœur de la forêt.
Ils riaient de ce que disait l'autre, et le ruisseau coulait près d'eux. (...)
Pan parla de la terre et de ses secrets, (...) il parla des racines et de leurs pousses, de la sève qui s'éveille, monte et chante l'été.
Et Jésus parla des jeunes bourgeons dans la forêt, des fleurs et des fruits, et de la graine qu'ils donneront dans une saison qui n'a pas encore vu le jour.
Il parla des oiseaux dans l'espace et de leur chant dans le monde aérien.
Il parla des cerfs blancs du désert (...).
Pan fut charmé par le discours du nouveau dieu, et ses narines frémirent.

Dans le même rêve, je vis Pan et Jésus devenir calmes et silencieux dans la quiétude des ombres vertes.
Puis Pan prit son roseau et joua pour Jésus. Les arbres tremblèrent, les fougères frissonnèrent et la peur m'envahit.

Jésus dit : « Mon généreux frère, tu réunis la clairière et les cimes rocheuses dans tes roseaux ». Alors Pan donna sa flûte à Jésus et dit : « À toi de jouer, maintenant, c'est ton tour. » (...) Il prit sa flûte et joua.

J'entendis alors le bruit de la pluie sur les feuilles, le murmure des ruisseaux entre les collines et les flocons de neige sur la cime des montagnes.

Mon pouls, qui autrefois battait avec le vent, retrouva le vent, et toutes les vagues de mon passé déferlèrent sur mon rivage. (...)

Puis Pan dit à Jésus : « (...) avant de te connaître, dans mon silence, j'ai entendu ton chant et le murmure de ton nom. »

Les bergers ont écouté le jeune garçon avec attention. Ils gardent le silence. Un silence tout habité par les froissements et autres bruits délicats que font les animaux de nuit.

Ces bergers qui d'ordinaire sont plutôt bougons, les voilà songeurs...

Tandis qu'ils sont là à s'émerveiller sous le ciel magnifique, tout à coup, un ange leur apparaît. Ils sont d'abord saisis d'une grande frayeur.

Alors l'ange les rassure et les invite à suivre le chemin qu'indique cette étoile si brillante.

Il leur annonce la naissance d'une enfant dans une crèche, un enfant qui deviendra roi et qui les libèrera de tout asservissement. D'autres anges viennent maintenant sous la voûte céleste et ils chantent ensemble la gloire de Dieu.

Les bergers sont abasourdis. Ils n'en croient pas leurs yeux, ils n'en croient pas leurs oreilles !

C'est un chant si doux, on dirait qu'il caresse la plaine vallonnée toute inondée de lumière pâle. Ils se mettent en route, tout naturellement, les yeux fixés sur cette étoile qui les guide, ce repère et cette espérance, qu'on appelle encore aujourd'hui « l'étoile du berger ».

Leur cœur est comblé, ils sont escortés par les anges. L'étoile indique Bethléem, encore un peu rougie par les brasiers du soir. Des points jaunes et rouges, comme autant d'étoiles tombées qui chauffent le bleu de la nuit.

Ce n'est pas exactement au-dessus de la ville qu'est suspendue l'étoile. C'est juste à côté.

Juste au-dessus d'une vieille grange de pierre. Un feu est allumé. L'enfant est là, emmailloté dans la mangeoire. Il règne ici une paix surnaturelle. Les bergers en arrivant ne disent pas un mot. Ils s'agenouillent face à l'enfant. Ils sont comme enivrés par la joie la plus intense que leur cœur puisse contenir. Ils restent là, immobiles et ardents à la fois, ils restent là avec Marie et Joseph, un temps indénombrable, et la seule présence de cet enfant donne à ces instants la teneur de l'éternité.

Tout à coup, il se joignit à l'ange une multitude de
l'armée céleste louant Dieu et disant :
« Gloire à Dieu au plus haut des Cieux
Et Paix sur la terre aux hommes qu'Il aime ! »

Luc 2 - 13 et 14

La nuit de Noël est une nuit de miracles. Les films abondent mettant en images cette magie que l'esprit de Noël répand dans les cœurs. Des films, des livres, des chansons…

D'Eric-Emmanuel Schmitt à Charles Dickens en passant par Tolkien, Noël a inspiré nombre d'écrivains de tous les pays et de tous les âges.

L'un des grands classiques met en scène un Noël provençal : dans sa crèche de santons animée, Jean Audouard fait dire ceci à l'ange «Boufareou » :

> LECTURE : *La pastorale des santons de Provence* d'Yvan Audouard, p. 37
>
> *« Les miracles de cette nuit, je peux pas vous les raconter tous. D'abord parce qu'il y en a trop, ensuite parce que le Bon Dieu il aime faire plaisir, mais ça l'agace qu'on le crie sur les toits. »*

Une bien jolie façon de d'exprimer l'abondance des histoires que nous pourrions raconter ici !

Depuis ce premier Noël, l'étoile du berger se promène au fil des siècles dans le ciel du monde, et elle évoque encore aujourd'hui la naissance de l'enfant Jésus.

C'est cette étoile que les fameux rois mages ont suivie. Ils l'avaient vue apparaître dans leurs calculs savants, car c'étaient les plus grands astronomes et astrologues de leur temps, et bien qu'ils vivent aux trois coins de l'Orient - si j'ose dire ! - sans GPS et sans téléphone, ils se sont retrouvés devant le même enfant, agenouillés comme des bergers, pour offrir en cadeau les plus grandes richesses qui soient au futur roi.

Mais ça, c'est une autre histoire…

C'est la fin de notre émission spéciale. C'était un grand plaisir pour moi que revisiter avec vous cette histoire qui se transmet depuis plus de deux siècles et qui nous fait toujours autant rêver… Il me reste à vous présenter mes meilleurs vœux en ce Noël, je vous souhaite des bonheurs par milliers, des tas de *Petits moments littéraires* pour égayer vos mercredis et des trésors de livres pour les autres jours de la semaine !

Cette émission est disponible en libre écoute sur le site de Radio Livio, sur mon site d'auteur et sur toutes les plateformes de podcasts.

J'ai laissé dans ma hotte du net toutes les émissions du *Petit moment littéraire*, à cueillir au hasard, ou à choisir soigneusement. Vous pouvez les écouter ou les réécouter… Et vous pouvez aussi désormais les lire, puisqu'il existe de nombreux recueils thématiques, en vente sur le site de la radio.

Voici les références des ouvrages cités dans cette émission :

- Évangile selon Saint Luc, traduction Louis Segond
- Khalil Gibran, *Jésus fils de l'homme*, éditions des Mille et une nuits, 2008 (première édition 1928)
- Yvan Audouard, *La pastorale des santons de Provence*, éditions Belfond - Pré aux clercs, 1986
- Jacques Duquesnes, *Jésus*, éditions J'ai lu, 2004, (première édition 1994)
- Sharon Stone, *La main de l'ange*, éditions Assouline, 2005
- Marek Halter, *Marie*, éditions Robert Laffont, 2006

Voici les musiques qui accompagnent cette émission :

- U2, *Baby Please Come Home*
- Alex Pardossi, *L'instant magique*
- Zucchero, *Dune mosse*
- Ben Harper, *Morning Yearning*
- Eurythmics, *There Must Be An Angel*
- Ennio Morricone, *Ave Maria Guarani*, extrait de la bande originale du film *Mission*
- Gérald de Palmas, *Sur la route*
- Robbie Williams, *Angels*
- Raphaël, *Caravane*
- Georges Michaël, *Jesus To A Child*
- Jeff Buckley, *Alleluia*
- Hillsong, *What A Beautiful Name It Is*
- Simply Red, *Stars*

Retrouvez cette playlist sur la chaîne Youtube de Radio Livio.

Certaines illustrations sont inspirées de :

- Sandro Botticelli, *Annonciation du Cestello*, vers 1489
- Georges de la Tour, *Le songe de Joseph*, vers 1640
- Raphaël, *Les chérubins*, détail de la Chapelle Sixtine, 1477-1483
- Le Caravage, *La nativité*, 1600